En vers et contre rien

www.facebook.com/poemesvictor

Édition : BoD – Books on Demand, info@bod.fr
Impression : BoD – Books on Demand, In de Tarpen
42, Norderstedt (Allemagne)
Impression à la demande
ISBN : 978-2-3224-5421-1
Dépôt légal : Novembre 2022

Arc en ciel

Donnez-moi du gris

Je vous ferai la pluie

Je la ferai glisser

Sur votre peau meurtrie,

Donnez-moi du vert

J'effacerai les colères

Celles qui rongent les humains

Un festin inhumain,

Donnez-moi du rose

Je vous donnerai du rêve

L'apaisement et l'élan

À l'aube chaque jour,

Donnez-moi du rouge

Fascinante, ambigüe

La passion, la chaleur

Pour que durent les heures,

Donnez-moi du blanc

Un écrin de décence

La force, la lumière

La sagesse, le divin,

Donnez-moi du bleu

Que dure le voyage

Un ciel sans nuages

Tempêtes et orages,

Donnez-moi du jaune

L'énergie, la lumière

Je répandrai les ors

Des riches bedonnants,

Donnez-moi du noir

Pour noircir cette page

Un contraste insolent

Un mariage innocent.

Cœur givré

Sur le bord de ma fenêtre

J'ai trouvé un cœur givré,

Il était froid et délaissé

Un écorché du mal être,

Une intrigue mal ficelée

Une fin dans le fossé,

Une histoire qui s'arrête

Un peut-être pour renaître,

À la folie ou pas du tout

Un effeuillage déchirant,

Un amour très dépouillé

Il ne reste que le vent,

Sur le bord de ma fenêtre

Le soleil se prélasse,

Il rayonne sur la glace

Une aumône d'espérance.

Hier

Te souviens-tu ?

Ces nuits de braise

Ces jours brûlants,

Ces rendez-vous

Que l'on attend,

Ces joues rondes

Que tu me tends,

Ces lèvres douces

Rutilantes,

Ces rondeurs

Que j'aimais tant,

Ces mots tendres

Indécents,

Ces caresses volages

Cette peau veloutée

Ces soirées déridées

Ton sourire emballé

Nos larmes en pointillé

Cette fusion cimentée,

Ces vers du matin

Aux éclats familiers,

Ces crayons de couleur

Pour chavirer nos cœurs,

Ce chemin sinueux

Heureux ou malheureux,

Cette chaleur, ce parfum

Un alliage divin,

Ce joli bleu turquoise

Embroché sur ton doigt,

Je me souviens d'hier

Comme si c'était demain.

La lettre

Je n'oublierai pas ces mots

Sur ces feuilles à carreaux,

Des pages à l'encre noire

Sur un fond de ciel bleu,

Des points et des virgules

Faire ralentir le temps,

Le temps de délecter

Ces odeurs du passé,

Une écriture de chat

Des ronrons jusqu'au bout,

Des miaulements aux abois

Un amour qui rend fou,

Ces lettres rattachées

Un chapelet d'amour,

Les confesses d'un jour

Une esquisse immortelle.

La lune

On s'est promis la lune

J'ai perdu le chemin,

Les cœurs enlacés

De souvenirs lointains,

Une maison sur la lune

Un bout de jardin,

Étendus sur la dune

Un rêve qui s'éteint,

On s'est promis la lune

Il fait un temps de chien,

On s'est égaré

Dans un brouillard malsain,

On ne sera pas à la Une

D'un amour sans fin,

Je t'offrirai la lune

Vers un autre chemin.

Le jour

Le jour se lève

Je me réveille,

Elle est encore

Dans son sommeil,

Cheveux plissés

Sur l'oreiller,

Son corps s'étire

Sur la banquise,

Le souffle court

Légère tiédeur,

Je sens les battements

De son cœur,

Ses yeux fermés

Démaquillés,

Son petit nez

Une rampe douce,

Des joues rosées

À caresser,

Des lèvres douces

Pour s'évader,

Je m'aventure

Dans ce décor,

Quelques rondeurs

Une extase,

Je redécouvre

Sans pudeur,

Cette plastique

Délicieuse,

Elle se réveille

Lentement,

Je m'abandonne

À nos serments.

Le vieux roi

Un vieux roi

A perdu sa muse,

Dans son beffroi

Il courtise l'ennui,

Il ne reste que ces roses

Des squelettes flétris,

Une robe jaune

Etalée sur un lit,

Il guette son ombre

Derrière ce franc soleil,

Il épie la pénombre

Éclairée par le ciel,

Dévoré par le temps

Il attend sa déesse,

De l'aube des printemps

Jusqu'au jour funeste.

Les notes

Amarrées sur les lignes

Elles s'enlacent allégrement,

Un défilé de militaire

Une rigueur originelle,

Une clé pour démarrer

Quatre rayures à abreuver,

La naissance d'un récital

D'une ballade sensuelle,

Un langage cérémonieux

Le désordre est condamné,

Un assemblage âpreté

Un brassage universel,

Elles fusent à chaque page

Des accords en harmonie,

Un illustre dénouement

De douceurs immatérielles.

Ma rivière

La gorge sèche

Les veines creuses

Ma ligne de vie

File dans l'oubli,

Un lit terreux

Nid de poussière

Pas un cheveu

Sur cette terre,

Le bruit de l'eau

Un cantique

Un chant perdu

Amer cliché,

Les jours défilent

Comme les nuages

Une prière

Pour un orage.

Ma vie

Je n'aime pas la nuit

Je n'aime pas mon lit

Ni cette horloge retentissante,

Mon sommeil un imposteur

Il me réveille toutes les heures,

J'aime le jour

Ma frénésie

Cette clarté éblouissante,

Ses éclats et ses senteurs

Toutes ces belles ravissantes,

J'aime les gens

Tous coloris

Mes amitiés captivantes,

Pour le pire et le meilleur

Une essence lénifiante,

J'aime ma vie

Et mes soucis

Mes amours mes espérances,

Le fil rouge de mes mémoires

Les échos de mon histoire,

Je n'aime pas la poudre

Le rouge sang

Ce mélange rempli de haine,

Ils s'empiffrent de querelles

Ces humains friands des armes.

Mes vers

J'aimerais chanter mes vers

Sur un air qui balance,

Vous offrir mes prières

Sur de belles révérences,

Un flonflon de douceur

Un ton pétillant,

Des rumeurs grivoises

Des humeurs déjantées,

Je voudrais décolorer

Cette noirceur qui écrase,

Peindre le monde en blanc

Gommer les vilaines phrases,

Vous offrir les faveurs

D'une prose en couleur,

Une gouache vivifiante

Une palette de chaleur,

Je cacherais des mots

Dans des lignes singulières,

Des secrets ceinturés

De paroles légères,

L'amour dans les tiroirs

Ce n'est que du papier,

À la lumière du jour

L'aube d'une amitié,

Je viendrais fredonner

Ces tranches qui m'inspirent,

Se gaver d'amusettes

De larmes et de rires,

Un monde sans poésie

C'est un cœur sans frissons,

J'aimerais chanter mes vers

À une douce bien-aimée.

Mon âne

Mon âne rit

De ma beuverie

Mon poisson chat

Perlipopette

Mon crabe tambour

Bourre la dame

Dame qui brille

Comme une étoile

Etoile filante

Comme ces bas

Une jolie maille lacérée

Serre-la fort

Cette brumeuse

Une fumeuse

Débauchée

Un ébauché

Désemparé

Paré d'amour

À croquer

Croquer la vie

À pleine dent

Dans la folie

Très peu de temps.

Mon cœur

Il bat et se débat

Enfermé dans cette cage,

Asservi pour ma vie

Fidèle serviteur,

Il n'aime pas les cris

Ni même les orages,

Il n'aime pas les pleurs

Ces déluges d'aigreur,

Il attise la cadence

Le tempo s'en balance,

Au contact de sa peau

Le rythme d'un galop,

Que ferais-je sans lui ?

Un complice inhérent,

Un partage d'amour

Et que dure le temps,

Il fatigue et s'essouffle

Un vaillant baroudeur,

Jusqu'à son dernier souffle

Il restera dans mon cœur.

Mon mur

J'ai parlé à mon mur

Il ne répond jamais

J'ai dit la vie est dure

Il ne répond jamais

J'ai dit tu as des fissures

Il s'est mis à trembler

J'ai dit tu fais le dur

Mon mur s'est écroulé.

Mon village

Là-haut dans mon village

Le temps s'est arrêté,

On parle des nuages

Et des fleurs des prés,

L'assemblée se déchaîne

Aux abords du comptoir,

Des discours de reine

Pour faire rire l'histoire,

Quand arrive le soir

La place se remplit,

C'est le temps des ragots

Des jurons, on m'a dit,

Les visages d'enfants

Se mélangent aux ainés,

Ils écriront l'histoire

Pour que vive le passé,

Des ruelles étroites

Des couleurs chamarrées,

L'ombre et la lumière

Se battent pour exister,

L'hiver et l'été

Des rigueurs qui assomment,

Le printemps et l'automne

Des peintures enchantées

Là-haut dans mon village

Je me suis arrêté,

J'ai posé mes bagages

Jusqu'à perpétuité.

Nini

Nini, une muse

Elle est douce comme une lame

Tranchante quand elle s'enflamme,

Des paroles qui affolent

Elles se perdent dans les airs

Des aigreurs passagères,

Une friande de douceurs

Une gourmande au grand cœur

Elle étale sa pudeur,

Emmurée dans sa bulle

Solitude guerrière

Une vie d'infortune,

Elle aime la musique

Ces romances polissonnes

Les serments les orages,

Avide de fleurettes

Sa plume se ballade

Ses mots sont une fête,

Sur son cœur est écrit

Une ardente confession

Langoureux bien-aimé,

Elle promène ses envies

Dans des rêves en couleur

Et des chemins d'ailleurs,

L'allure fringante

D'une fée élégante

Une peinture romanesque,

Les coquetteries d'un ange

Une foison d'éloges

Je vénère cette fresque.

Perdition

J'ai lu dans vos yeux

J'ai écouté vos lèvres,

J'ai attrapé vos mains

Succulente convoitise,

Ineffable attachement

Une présence cardinale,

Un engouement sans trêve

Jusque dans mes rêves,

Arrimée dans mes bras

Vos arômes en bouquet,

Nos gestes s'égarent

Ligotés à jamais,

Des sens qui s'éveillent

Comme l'aube et le soleil,

La chaleur qui sommeille

L'éclosion d'une fièvre,

On ira s'abîmer

Au fin fond de la nuit,

Une errance langoureuse

Au milieu d'un grand lit.

Dérision

Je me moque de tout

Je ris de tout,

Je sais que c'est moche,

Une sale caboche,

La dérision

C'est ma gamelle,

Je la cultive

Sans OGM,

Mon ironie

Elle est mordante,

Un trait d'humour

Et de sarcasmes,

Un carnaval

De délassements,

Frivolité

Et passe-temps,

Le ridicule

Et le grotesque,

Piètre discours

Je les déteste,

De l'humour

Et de l'esprit,

Des gausseries

Sans amertume,

Les couillonnades

Les balivernes,

Des épisodes

De drôleries,

L'amour des mots

Une jolie fresque,

Un étalage

De burlesque.

Quatre

Quatre notes pour te plaire

Une aubade mélodieuse,

Un air désarmant

Une offrande sulfureuse,

Quatre rimes en un éclair

Sous l'emprise d'une égérie,

Divagations passagères

Je crayonne et j'en abuse,

Quatre nuits que l'on se perd

À la conquête d'un nouveau jour,

Demain sera loin d'hier

Je m'accroche à ton amour,

Quatre roses dispersées

Dans un grand vase élancé,

Des arômes de l'élégance

Le cliché d'une bien-aimée,

Quatre jours que tu es loin

Le sablier s'est arrêté,

Je relis chaque matin

Ton billet enflammé,

Quatre mains pour une vie

Inflexible attachement,

Ils vont battre à l'infini

Ces organes bouillonnants.

Un ange

Tu resteras mon ange

Ce chérubin pérenne,

Tu hanteras mes nuits

Ces heures sans sommeil,

Ton ombre me rappelle

Ces nuits indélébiles,

Ces morceaux de vie

Ces effluves généreux,

À ces souvenirs amers

Ces bribes de colère,

Il restera tes yeux

Et ces pages de fièvre,

J'envoie une flèche

Dans ton cœur ébranlé,

Elle ouvrira ta porte

Vers un nouvel aimé.

Une rose

Dame d'un soir

Attiser les sens,

Reine d'un jour

Une offrande à l'amour,

Sur sa tige acérée

Elle s'exhibe sans pudeur,

Dans un rouge ravageur

Une audace séduisante,

Une grâce élancée

Vers un ciel étoilé,

Une senteur dissipée

Au milieu des promesses,

Une rose s'est fanée

Elle dévoile sa laideur,

Sa robe délavée

Le temps fait son labeur.

Impatients

Ils sont repartis

Avec leurs pleurs et leurs cris

Le désordre s'est fait la malle

Emballé dans des malles,

Au fond du canapé un jouet oublié

La relique brillante

D'une auto très bruyante,

Les sourires les chatouilles

Ces rites effrénés

Ces regards et ces bouilles

Des images sacrées,

La chaleur les câlins

Enrobés de baisers

Des histoires sans paroles

Des paroles enchantées,

Les bras vers le ciel

Un appel au secours

Une offrande de douceurs

Une bourrasque d'amour,

Ils sont repartis

Au milieu de la sphère

Nos cœurs sont impatients

Encore deux hivers.

Je n'aime pas la guerre

Je n'aime pas ses bruits

Je n'aime pas ses bières

En bois vernis

J'aime les roses

J'aime nos nuits

J'aime tes lèvres

Roses vernies.

Les mots fleurissent sous ma plume,

Je déambule dans mon jardin

Entre ses vers et ses parfums.

La vraie amitié est sans paroles

Inutile d'enjoliver.

Le sourire d'un enfant

Est un livre d'images

Chaque jour effacé

Une gravure du passé.

Un amour sans fin

C'est une faim d'amour.

Les arbres se dépouillent

Ils sont grimés de rouille

Une nouvelle collection

Les drapera de vert.

On se prendra la main

Jusqu'au bord de l'abime

On fera un festin

De nos vies impudiques.

Quand le soleil tombera

Tu seras ma lumière

Quand le soleil brillera

Je serai ton éclair.

www.facebook.com/poemesvictor